Lustige
Stein-Monster
für kleine Künstler

Julius + Ludwig

Bassermann

ISBN: 978-3-8094-4166-3

1. Auflage
© 2020 by Bassermann Verlag, einem Unternehmen der Verlagsgruppe
Random House GmbH, Neumarkter Str. 28, 81673 München

Idee und Gesamtgestaltung: Norbert Pautner, Berlin
Projektleitung: Birte Dittmann
Herstellung: Angelika Tröger

Druck und Bindung: Alföldi, Debrecen
Printed in Hungary

Verlagsgruppe Random House FSC®N001967

INHALTSVERZEICHNIS

EINLEITUNG · · · · · · · 6

STEINFIGUREN · · · · · 12

STEINE SAMMELN

SO SAMMELST DU RICHTIG:

1. Erkundige dich, ob es in deiner Umgebung erlaubt ist, Steine zu sammeln. An manchen Ferienorten kann das nämlich tatsächlich verboten sein.

2. Nimm immer nur so viele Steine, wie du brauchst. Wenn du nicht alle Steine verbastelst, kannst du übrig gebliebene Steine auch zurückbringen.

3. Nimm niemals Steine dort weg, wo sie gebraucht werden. Also keinen Kies von Feldwegen oder aus Gartenbeeten einsammeln.

SO FUNKTIONIERT DAS BUCH:

Jede Seite im Buch ist gleich aufgebaut:

Hier erfährst du, wie das Monster heißt und welche Gewohnheiten es hat.

So sieht das Monster aus und so kannst du es auch bemalen.

Aus diesen Steinen besteht das Monster. Vielleicht hast du ja ganz ähnliche Steine gesammelt.

Zeichnungen zeigen dir, wie die Steine am besten zusammengeklebt werden.

BRAUCHST DU EINE STEINSAMMLUNG?

Ob du wirklich eine richtige Steinsammlung haben musst, hängt davon ab, wie viele Monster du basteln möchtest. Und wie weit der Fundort der Steine von deiner „Werkstatt" entfernt ist. Auf jeden Fall solltest du deine Steine gut sortiert aufbewahren.

STEINE BEMALEN

Wenn du willst, kann jeder Stein, den du findest, ein Gesicht bekommen. Dazu brauchst du nur ein bisschen Farbe. Oder sogar nur einen Stift, wenn die Natur den Stein schon vorgeformt hat.

WELCHE FARBEN BRAUCHST DU?

Am besten halten Acrylfarben auf den Steinen. Wenn du lieber Temperafarben verwenden möchtest, solltest du den Stein mit einer schützenden Schicht Klarlack bemalen, nachdem die Farbe richtig getrocknet ist.

Schwarze Umrisse und Punkte kannst du gut mit einem wasserfesten Filzstift zeichnen. Du kannst aber auch genauso gut einen CD-Marker verwenden, wenn dir der „normale" Marker zu stark riecht.

SO LEUCHTEN DEINE FARBEN:

Steine haben von Natur aus meistens ganz unterschiedliche Farben. Und weil das auch mal eine ganz dunkle Farbe sein kann, solltest du deine Steine vor dem Bemalen mit weißer Farbe vorstreichen.

SO SIEHT'S SUPERORDENTLICH AUS:

Damit sich die Farben beim Bemalen nicht ungewollt miteinander vermischen, musst du manche Fläche ganz vorsichtig frei lassen. So malst du beispielsweise um den Bereich herum, wo später der Mund hinkommt. Den malst du dann später aus. Zum Schluss, wenn alles gut getrocknet ist, ziehst du noch eine Umrisslinie mit dem Marker drumherum. Besonders bei den Mündern und Augen sieht das dann wirklich superordentlich aus.

STEINE KLEBEN

Bevor du die Steine, mit denen du ein Monster bauen möchtest, zusammenklebst, solltest du einen Probedurchlauf machen: Schau einfach mal, ob du die meisten Steine stapeln kannst, ohne dass sie gleich umfallen. Je besser das funktioniert, umso stabiler wird auch das Monster sein. Wenn alles gut läuft, klebst du dann die Steine mit Klebeknete zusammen. Manchmal brauchst du übrigens einen kleinen Stein als Stütze für einen größeren.

WAS IST KLEBEKNETE?

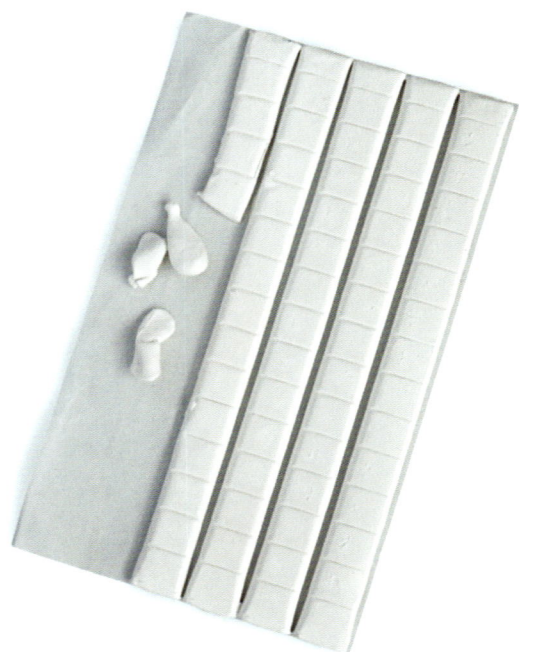

Klebeknete ist ein Klebstoff, der sich wie Knetgummi formen und portionieren lässt. Du kannst die Knete aber auch immer wieder ablösen, falls du mal etwas auseinander- oder umbauen willst. Dabei hält die Knete erstaunlicherweise bombenfest. Das ist super, wenn du Steine aufeinanderkleben willst. Die Klebeknete gibt es unter verschiedenen Namen im Handel, zum Beispiel UHU patafix, Tesa Tack, Pritt Multi-Fix oder Poster-Buddies.

JEDES MONSTER SIEHT ANDERS AUS.

Steine werden in der Natur geformt, sie sehen immer verschieden aus. Darum wirst du nie zwei ganz gleiche Monster basteln können.

Es gibt auch gar keinen Grund, dasselbe Monster zweimal zu basteln. Viel lustiger ist es doch, wenn du deine eigenen Monster erfindest. Dann hast du noch viel mehr ungeheuerliche Freunde. Dazu kannst du dir für dein Lieblingsungeheuer ganz einfach deine eigenen Farben ausdenken. Oder du bastelst dir aus zwei Monstern einfach ein neues.

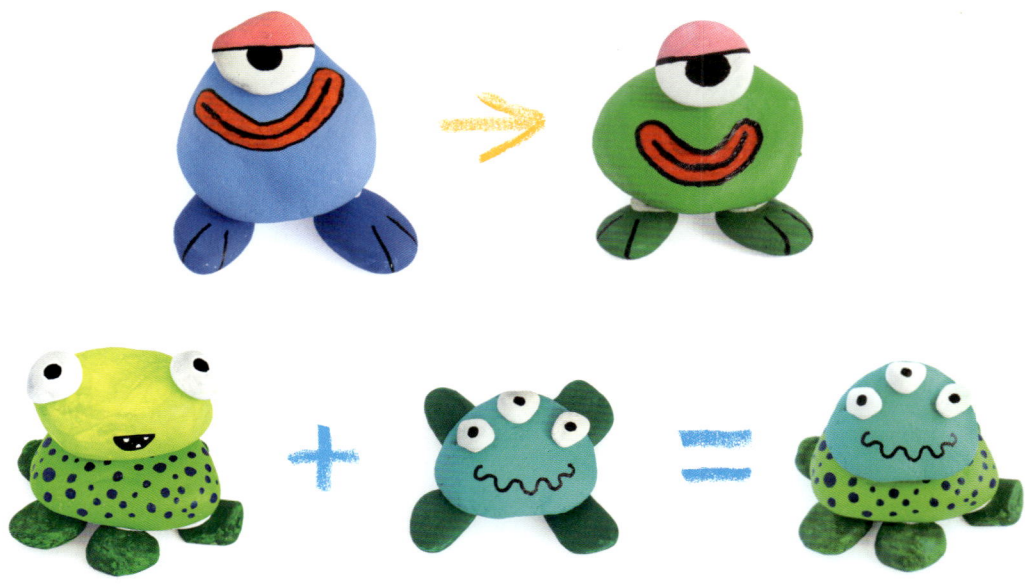

ZOPPOPOPP

Zoppopopps leben im Wald und fressen dort so ziemlich alles, was auf den Boden fällt. Sie schlafen kaum – und wenn, dann immer nur mit einem Paar Augen, während das andere Paar geöffnet bleibt.

PASSENDE STEINE:

1.

2.

3.

TSEKBEK

Tsekbeks sind scheue Tiere und in Nadelwäldern zu Hause. Sie springen flink von Ast zu Ast. Davon sind sie dann so erschöpft, dass sie mehr Zeit mit Schlafen als mit Springen verbringen.

PASSENDE STEINE:

1.

2.

3.

PANPAN

Der Panpan liebt gute Geschichten. Darum kann man ihn auch anlocken, wenn man bei einem Waldspaziergang eine Pause macht, sich gemütlich hinsetzt und aus einem spannenden Buch vorliest.

PASSENDE STEINE:

1.

2.

3.

PÖNPÖN

In Parks und Gärten findet man das Pönpön. Dort steht es meist nur still und unbeweglich herum, da es ungern auffällt. Dabei richtet es seinen Hintern gegen den Wind aus.

PASSENDE STEINE:

1.

2.

3.

HASENFOSS

Im hohen Gras oder manchmal auch im Maisfeld findet man den Hasenfoss. Dort gräbt er mit seinen großen Zähnen jeden Abend eine Mulde in den Boden, in der er dann die Nacht verbringt.

PASSENDE STEINE:

1.

2.

3.

4.

TARTANTONG

Das Tartantong lebt an den Ufern kleiner Seen und Teiche. Dort bastelt es aus Gestrüpp und Ästen kleine dinosaurierähnliche Ungeheuer, mit denen es Schwimmer und Spaziergänger erschreckt.

PASSENDE STEINE:

1.   2.   3.   4.

SLAPSEFLATS

Unter deinen Möbeln wohnt das Slapseflats. Weil es sehr neugierig ist, guckt es immer wieder plötzlich darunter hervor – da musst du schon gut achtgeben, um nicht über ein Slapseflats zu stolpern.

PASSENDE STEINE:

1.　　　**2.**　　　**3.**　　　**4.**

TÖRFOSSN

Das Törfossn versteckt sich gerne hinter allem, was eckig ist. Und wer nicht aufpasst, kann sich leicht einen Zeh am Törfossn stoßen.

PASSENDE STEINE:

1.

2.

3.

KWAPFROPF

Der lichtscheue Kwapfropf hat es gern feucht, darum lebt er im Badezimmer unter der Badewanne oder hinterm Waschbecken. Er ist weitgehend harmlos und ernährt sich von Seifenresten.

PASSENDE STEINE:

1.   **2.**   **3.**

GARTENSCHLOPP

Der Name ist etwas irreführend, denn der winzige Gartenschlopp ist vorwiegend in Balkonkästen und Blumentöpfen zu finden. Dort gräbt er nachts die Erde um und vertilgt allerlei Schädlinge.

PASSENDE STEINE:

1.   **2.**   **3.**

WALDDÖDEL

Ursprünglich lebten die Walddödel auf großen Baumpilzen und lauerten Käfern und Mücken auf. Heutzutage sitzen sie unterm Küchenschrank und ernähren sich von Obstfliegen.

PASSENDE STEINE:

1.

2.

3.

HAUSDÖDEL

Der Hausdödel ist ein Verwandter des Walddödels. Er hat sich dem Lebensraum einer menschlichen Behausung schon früh angepasst. So ernährt er sich hauptsächlich von Krümeln und Wollmäusen.

PASSENDE STEINE:

1.

2.

3.

SOCKENPUSCH

In deiner Sockenschublade wohnt wahrscheinlich auch ein Sockenpusch. Er zieht sich nachts eine Socke über den Kopf und spaziert damit herum. Und manchmal isst er sie auch auf.

PASSENDE STEINE:

1.   **2.**   **3.**

KLAPPADONK

Es gibt wohl kein ungeschickteres Monster als den Klappadonk: Alles muss er anfassen und immer fällt es ihm aus den Händen. Das ist ihm natürlich peinlich und er macht sich dann sofort unsichtbar.

PASSENDE STEINE:

1.   **2.**   **3.**   **4.**

FLECKENTÖFFEL

Das Fleckentöffel ist ein Meister der Tarnung: Damit es mit seinen dunkelblauen Tupfen nicht auffällt, verspritzt es überall, wo es steht und geht, gern Tinte oder Blaubeersaft.

PASSENDE STEINE:

1.

2.

3.

KRABBELSCHNARK

Der Krabbelschnark lebt auf dem Dachboden zwischen alten Kartons und anderem Kram. Nachts langweilt er sich und kriecht zwischen dem Gerümpel herum. Dabei macht er natürlich Krach.

PASSENDE STEINE:

1.   **2.**   **3.**   **4.**

KIEKSNIKS

Das Kieksniks ist nicht besonders helle, aber gut gelaunt. Alles was es sieht, findet es total lustig und muss dann erst einmal kichern.

PASSENDE STEINE:

1.   **2.**   **3.**

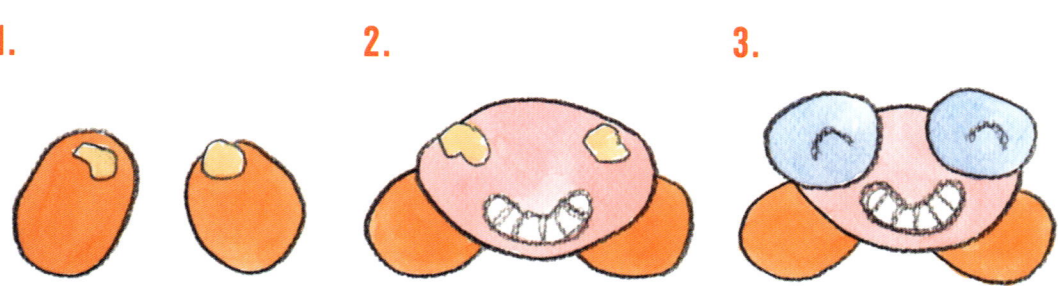

STÜNK

Kaum jemand hat schon einmal ein Stünk zu Gesicht bekommen.
Aber gerochen haben es die meisten bestimmt: Es stinkt nämlich.

1.

2.

3.

STREIFENFÜSCHEL

Man sollte keine Wolle oder Garn herumliegen lassen, wenn man ein Streifenfüschel im Haus hat: Es macht überall Knoten hinein.

PASSENDE STEINE:

1.

2.

3.

BUDDELWEGG

Der Buddelwegg liebt leere Flaschen und Dosen. Er sammelt sie ein und versteckt sie überall dort, wo man sie so schnell nicht findet.

PASSENDE STEINE:

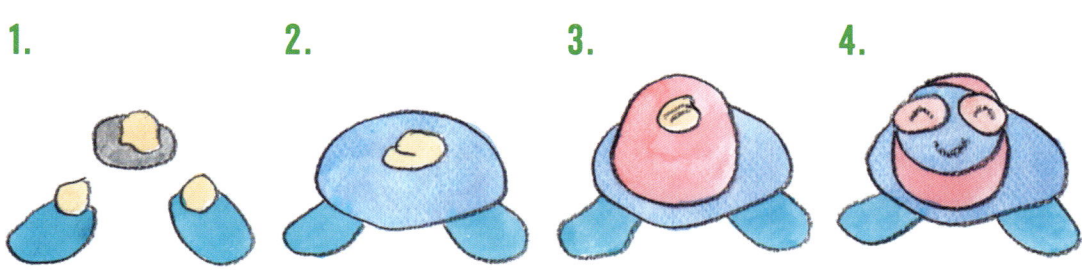

1.   **2.**   **3.**   **4.**

ZAHNPUSCH

Der Zahnpusch wohnt überall dort, wo es Papier und Pappe gibt. Die knabbert er nämlich unheimlich gerne an. Das macht er aber nur aus Langeweile, denn er ernährt sich von Brötchenkrümeln.

PASSENDE STEINE:

1.　　　　**2.**　　　　**3.**

KROKROKANT

Der Krokrokant versteckt sich unterm Kühlschrank oder hinterm Brotkasten. Er saugt die Feuchtigkeit aus weichen und saftigen Lebensmitteln und macht sie hart und trocken.

PASSENDE STEINE:

1.

2.

3.

HINNOWECKO

Der Hinnowecko hält Winterschlaf, denn nur im Sommer findet er etwas zu essen. Dann zupft er kleine Kinder so lange am Ärmel, bis ihnen ihr Eis zu Boden fällt. Das schleckt der Hinnowecko dann auf.

PASSENDE STEINE:

1. **2.** **3.**

KLOPSKOP

Der Klopskop setzt sich beim Essen gern auf deinen Bauch, damit du dich satt fühlst, obwohl du noch gar nicht aufgegessen hast. Wenn du aufgestanden bist, macht er sich über deine Reste her.

PASSENDE STEINE:

1.   **2.**   **3.**

HATSCHITUUTE

Hinter deinen Spielsachen lebt die Hatschituute. Wenn du nicht hinguckst, klaut sie dir deine Papiertaschentücher, zerreißt sie und verteilt die Fetzen überall in deinem Zimmer.

PASSENDE STEINE:

1. **2.** **3.** **4.**

STOPPOPPEL

Das Stoppoppel ist ein verspieltes Monster. Darum stöbert es auch gern in all deinen Spielsachen herum und stibitzt dabei auch schon einmal das ein oder andere Teil, das es dann wie einen Schatz hütet.

PASSENDE STEINE:

1.   **2.**   **3.**

GLOTZNIK

Fühlst du dich manchmal beobachtet? Dann wohnt bestimmt ein Glotznik in deinem Zimmer. Er macht nämlich nichts lieber, als dir dabei zuzusehen, wie du ein Buch liest oder Hausaufgaben machst.

PASSENDE STEINE:

1.　　　2.　　　3.　　　4.

PLÜLP

Wenn dir ein Plülp begegnet, fordert es dich sofort zu einem Zwinkerwettbewerb heraus. Allerdings gewinnt es immer, denn es blinzelt niemals. Ansonsten ist es völlig harmlos.

PASSENDE STEINE:

1.   2.   3.   4.

HAUMICHEL

Der Haumichel hat sein Nest im Heizungskeller eurer Schule. Denn dort ist es schön warm. Nachts schleicht er in die Klassenzimmer und verknickt die Seiten herumliegender Hefte und Bücher.

PASSENDE STEINE:

GNIPGNOP

Gnipgnops sind in vielen Klassenzimmern zu finden. Sie sind sehr nervös; das geringste Geräusch bringt sie auf die Palme. Dann kauen sie auf Bleistiften herum, bis sie sich wieder beruhigt haben.

PASSENDE STEINE:

1.

2.

3.

SCHNABBELFITS

Wer einem Schnabbelfits in die Augen sieht, wird augenblicklich sehr, sehr müde. Erst wenn die lange Nase des Schnabbelfits zuckt, kann man seinem Blick wieder entkommen.

PASSENDE STEINE:

1.

2.

3.

QUÄNGL

Ein Quängl kann sich nichts merken. Es weiß daher auch nicht, ob es dich schon kennt, selbst wenn du es heute schon zehnmal begrüßt hast. Darum stupst es dich alle fünf Minuten an und sagt: „Hallo!?"

PASSENDE STEINE:

1. **2.** **3.** **4.**

SCHLAPPO

Schlappos leben in den Büschen auf dem Schulhof. Während des Unterrichts kommen sie hervor und saugen die Luft aus den Reifen der abgestellten Fahrräder. Niemand weiß, warum sie das tun.

PASSENDE STEINE:

1.

2.

3.

4.

EINHORNBLOBBEL

Lebt in eurer Schultoilette ein Einhornblobbel, musst du aufpassen, dass du nicht ausrutschst. Denn es macht gern den gekachelten Boden ganz nass und schliddert nach Herzenslust darauf herum.

PASSENDE STEINE:

1.

2.

3.

PIPIP

Das Pipip hält sich meistens am Strand auf. Dort buddelt es tiefe Löcher, um den Sand zu finden, der ihm am besten schmeckt.

PASSENDE STEINE:

1.

2.

3.

FLUTSCHNASE

Die Flutschnase lebt im seichten Wasser. Sie sieht nicht gut, darum kann sie dir beim Schwimmen oft nicht rechtzeitig ausweichen.

PASSENDE STEINE:

1.

2.

3.

SLAPETSCHKA

In Wäldern und Naturparks lebt die Slapetschka. Sie klettert gern auf Wegweiser und schaukelt so lange daran herum, bis diese umfallen. Dann sucht sie sich das nächste Schild zum Spielen.

PASSENDE STEINE:

1.

2.

3.

ZWÜSSEL

Die Zwüssel findet man vor allem in Museen. Sie wartet dort auf Besucher, die keine Socken tragen. Diese erschrickt sie dann, indem sie mit ihren beiden feuchtkalten Rüsseln an deren Füßen leckt.

PASSENDE STEINE:

1. **2.** **3.**

JIIK

Ein Jiik ist harmlos und eigentlich sehr nett. Er mag allerdings Menschen so gern, dass er überall auf ihnen herumkrabbeln möchte. Davon bekommen wir dann allerdings eine Gänsehaut.

PASSENDE STEINE:

1.   **2.**   **3.**   **4.**

TATÜTERÄ

Allein durch seine zappelige Art macht ein Tatüterä alle nervös, die sich in seinem Umfeld aufhalten. Das führt beispielsweise dazu, dass man sich fragt, ob man nicht etwas Wichtiges vergessen hat.

PASSENDE STEINE:

1.

2.

3.

HUSCHIPUSCH

Wenn du manchmal das Gefühl hast, beobachtet zu werden, ist vielleicht ein Huschipusch in der Nähe. Du siehst es nicht, aber es kann dich so doll anstarren, dass du dich nicht mehr allein fühlst.

PASSENDE STEINE:

1.   **2.**   **3.**

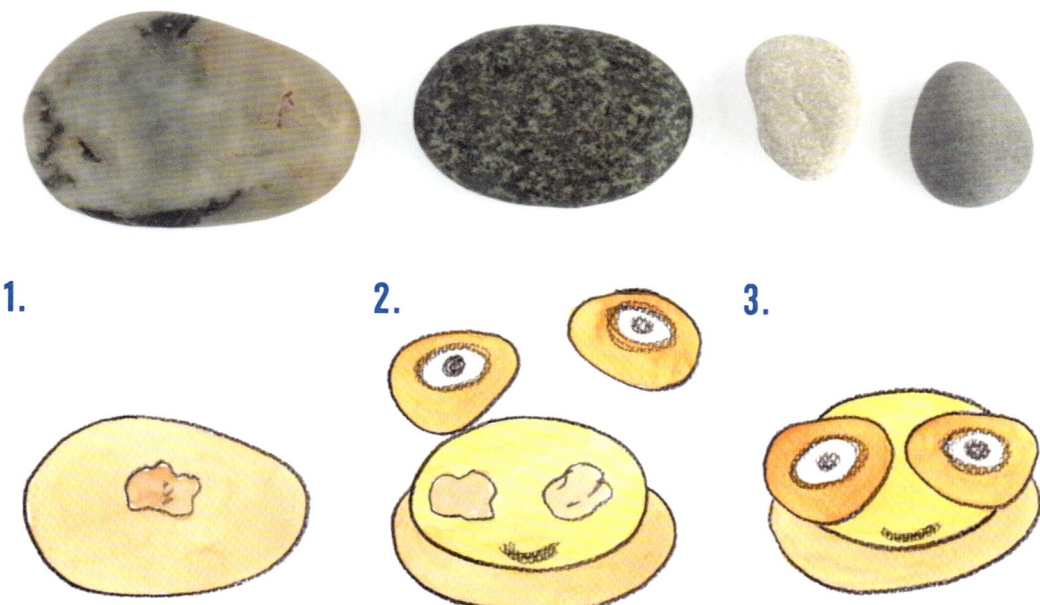

TUTSITUU

Unter deinem Bett kann ein Tutsituu wohnen, ohne dass du es merkst. Tagsüber schläft es nämlich. Nachts glotzt es dann in deine Träume hinein, weil es so furchtbar neugierig ist.

PASSENDE STEINE:

1.

2.

3.

KILLEKALLE

Wenn du aus irgendeiner Ecke ein leises Kichern hörst, ist das wahrscheinlich ein Killekalle. Dann hat es sich wohl wieder einmal selbst gekitzelt. Das kann das Killekalle nämlich.

PASSENDE STEINE:

1.

2.

3.

WASNOMA

Hast du schon einmal einen Pfiff gehört und wusstest nicht, wo er herkam? Das wird wohl ein Wasnoma gewesen sein. Es pfeift immer dann, wenn es eine Idee hat. Die es aber sofort wieder vergisst.

PASSENDE STEINE:

1.

2.

3.

SÜRÖNE

Sürönen können sich unsichtbar machen. Das ist nicht schön, denn sie geben oft einen schrillen Ton von sich – doch wenn man die Süröne nicht sieht, weiß man nicht, wo der ganze Krach herkommt.

PASSENDE STEINE:

1.   **2.**   **3.**

TRALLULLA

Die Trallulla singt gern. Leider kennt sie nur Ohrwürmer – das sind
Lieder, die man nicht aus dem Kopf bekommt, auch wenn man will.
Aber wenn sie ein neues Lied singt, vergisst du das alte ganz schnell.

PASSENDE STEINE:

1.

2.

3.

FORDA

Ein Forda ist immer auf der Suche nach einem Hinta. Aber jedes Mal, wenn es kurz davor ist, eines zu finden, wird es abgelenkt und muss mit der Suche wieder von vorne beginnen.

PASSENDE STEINE:

1.

2.

3.

HINTA

Jedes Hinta weiß, dass es gesucht wird. Und darum bleibt es ganz ruhig an einem Ort stehen, bis ein Forda vorbeikommt. Aber dann fragt es sich, ob es nicht doch lieber woanders stehen sollte.

PASSENDE STEINE:

1.   **2.**   **3.**

SNELSNEK

Wenn du wartest und die Zeit ganz langsam vergeht, ist meist das Snelsnek daran schuld. Es kann nämlich die Zeit anhalten. Wenn du dann die Geduld verlierst, sammelt es sie ein und isst sie auf.

PASSENDE STEINE:

1.

2.

3.

ANDERTHALB

Niemand weiß, was das Anderthalb eigentlich tut oder will. Auch das Anderthalb nicht, denn es ist ständig so mit dem Nachdenken über sich selbst beschäftigt, dass es für nichts anderes Zeit hat.

PASSENDE STEINE:

1.

2.

3.